No Body

Nichts

Covergestaltung by No Body

Herstellung und Verlag: BoD- Books on Demand, Norderstedt

ISBN: 978-3-7504-2461-6

MIX
Papier aus verantwortungsvollen Quellen
Paper from responsible sources
FSC® C105338
FSC
www.fsc.org